APERÇU

SUR LES FINANCES.

APERÇU

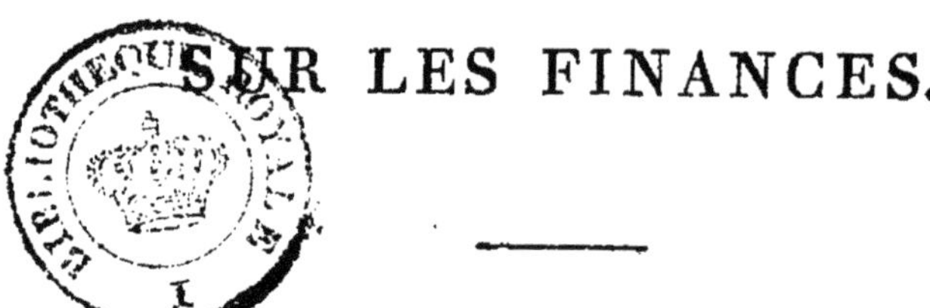

SUR LES FINANCES.

———

Aᴘʀᴇ̀ꜱ un long orage dont l'intensité a envahi toute l'étendue de l'atmosphère et recouvert du voile le plus sombre tous les objets de la nature, lorsque l'astre bienfaisant qui éclaire en même temps et vivifie, développe tout-à-coup ses rayons salutaires, la terre semble se réjouir et partager la douce émotion que ses habitants éprouvent à cet aspect consolateur. —Une constitution fondée sur les principes essentiels de la sagesse et de la raison, est offerte à la France par un Monarque régénérateur, au moment où elle vient de parcourir toutes les phases révolutionnaires, et de supporter successivement tous les désastres de l'anarchie et du despotisme. —Elle excite à l'instant ses plus précieuses espérances, et déja le bonheur semble s'empresser de succéder à toutes ses calamités. — Des nuages effrayants viennent encore la menacer de funestes tempêtes; ils se dissipent enfin, et l'horizon s'épure de nouveau. — Mais les premiers développements de la Charte constitutionnelle n'énoncent encore que des principes sans prononcer des lois; ce ne sont encore que des espérances qui soutiennent les consolantes idées des réalités; ce n'est qu'après avoir approfondi, mûri et comparé tous les éléments de la régénération, que se posent enfin les bases invariables de la liberté politique. C'est ainsi que nous sommes parvenus à l'époque de la sanction de la loi sur les élections, ses dispositions excitent d'abord une divergence dans la discussion; mais elles subjuguent enfin par leur profonde prudence tous les esprits raisonnables, l'opinion se fonde, la confiance se développe, le sol de la patrie si long-temps ébranlé s'affermit, et l'édifice de la prospérité publique s'élève.

Appuyée essentiellement sur la loi con

solidanté des élections, la loi des finances vient ensuite développer des dispositions qui contiennent le nouveau système réparateur, basé sur la combinaison des emprunts avec l'amortissement, convertissent le poids accablant de la dette des capitaux dans la charge momentanée des intérêts, laissent apercevoir les progrès successifs de notre libération, et, nous présentant la série des Budgets subséquents, nous amènent successivement à l'époque où nous pourrons en établir un permanent, formé par la balance de permanentes recettes et dépenses.

La loi des finances du 23 septembre 1814 avoit développé les vrais, les seuls principes sur lesquels se fonde la confiance; ce n'est que par la constance à les suivre que le crédit se forme; ce n'est que par l'établissement du crédit que se déterminent les emprunts; leur nécessité existoit en 1814, mais non la possibilité d'y avoir recours; les bons royaux attribués aux créanciers de l'arriéré eurent pour objet d'y suppléer; la reconnoissance solennelle de tous les engagements contractés, et la scrupuleuse exactitude des paiements commencèrent à exciter la confiance, et à faire naître le crédit; les fonds publics reçurent en peu de mois un considérable accroissement, qui successivement les eût portés au pair; les bons royaux se négocioient au taux de leur émission. — C'est à ce moment qu'il eût été possible et facile d'ouvrir un emprunt qui étoit dès-lors une ressource nécessaire à notre situation.

Mais les désastres du 20 mars dissipèrent des espérances aussi précieuses et aussi prêtes à se réaliser; les discussions théoriques et orageuses de l'assemblée de 1815 ne contribuèrent pas à les réparer; elles inspirèrent de l'inquiétude sur la stabilité du Gouvernement, et écartèrent toute possibilité de la renaissance du crédit national. Il en résulta que le système de la loi du 28 avril 1816 ne put tendre qu'à essayer de balancer par des impôts l'immensité de nos charges qui s'étoient accrues d'une manière si effrayante; une balance apparente s'établit; mais cet aspect illusoire se dissipa, et fut remplacé par celui d'un déficit évident, auquel auroient succédé des déficits plus funestes encore. — Nous nous trouvâmes donc tout à-la-fois dans l'impossibilité d'accroître les impôts, dans celle de pourvoir aux déficits, et dans celle d'emprunter.

La sagesse du Roi, par les dispositions régénératrices de son ordonnance du 5 septembre, ranima la confiance éteinte, et la loi des élections la fixa, en constituant le gouvernement représentatif sur la base invariable de la liberté politique. — Le système destructeur d'éteindre nos charges par des impôts disparut, la loi des finances du 25 mars développa celui du crédit, et le fonda sur la combinaison des emprunts avec une caisse importante d'amortissement. Ce grand principe saisi avec tant de succès par nos sages voisins devint enfin le nôtre; mais ses effets ne peuvent nous être vraiment salutaires, qu'autant que nous en ferons une application proportionnée à nos circonstances; et qu'après avoir échappé au péril imminent d'être anéantis sous le poids des capitaux, nous éviterons celui de succomber sous la masse des intérêts.

Les revenus publics comme les dépenses peuvent se diviser en permanents et accidentels.

Des revenus permanents et de leur application aux dépenses permanentes.

Nous placerons à la tête des revenus permanents l'impôt direct; le tableau du Budget de 1817 en élève le produit à 356 millions (1), en y comprenant 25 millions portés en recettes temporaires et les 18,475,000 de droits de patentes; c'est à tort que ce dernier droit se trouve compris sous la dénomination d'impôt direct, puisqu'il porte tous les caractères d'indirectité de la contribution; si l'on défalque les patentes de l'impôt direct, il se trouvera réduit à 331,606,000. — Il paroîtroit sans doute bien desirable d'en pouvoir déter-

______

(1) Voyez le tableau ci-joint du Budget de 1817.

miner la diminution, ce seroit un moyen d'adoucir, par un sentiment consolant, le souvenir des calamités passées et d'affermir de plus en plus la confiance dans le Gouvernement.

Cette diminution, que nous supposerons pouvoir être de 20 millions, paroîtroit devoir être portée sur la taxe foncière primitive et ses centimes additionnels. — La somme des impôts possibles à décréter ou à prolonger n'égalant pas celle de nos charges, et la balance ne pouvant s'établir que par un emprunt, il est évident que, diminuer 20 millions sur la masse de l'impôt, c'est se soumettre à la nécessité d'augmenter de pareille somme celle de l'emprunt; la question se réduit donc à savoir s'il est plus avantageux dans ce moment d'emprunter 20 millions de plus, et d'imposer 20 millions de moins; sa solution ne semble pas douteuse : la diminution de l'impôt auroit une influence nécessaire et successive sur la régénération des richesses territoriales, l'augmentation de l'emprunt s'atténueroit chaque jour par les opérations absorbantes de la caisse d'amortissement.

La diminution proposée de 20 millions réduiroit l'impôt direct à 318 millions. — Elle présenteroit un autre avantage, la quotité de cet impôt pèse d'autant plus sur les contribuables que sa répartition est inégale. — La loi qui décréteroit ce soulagement pourroit autoriser le Gouvernement à opérer la réduction déterminée par un mode de dégrèvement proportionnel, et, en commençant par les départements les plus surchargés, il en pourroit résulter une égalisation approximative dans la répartition générale ; et, si ce moyen suffisoit pour assurer cette grande opération, il deviendroit possible de décréter ensuite la fixité de l'impôt à ce taux de 318 millions : ce seroit avoir atteint le dernier perfectionnement de la contribution. — L'immense avantage de cette fixité consiste à ce que chaque contribuable pourroit séparer dans ses calculs la portion de son revenu destinée à l'impôt, que le surplus présenteroit dans

toutes les transactions une valeur déterminée, que l'incertitude du taux éventuel
de la contribution ne rendroit plus va-
riable, et que tous les propriétaires se-
roient ainsi assurés que les améliorations
provenantes d'une meilleure méthode de
culture, et d'une plus grande somme de
dépenses, tourneroient entièrement à leur
profit ; ce qui détermineroit, maintien-
droit et développeroit la plus utile et la
plus constaute émulation. — Le taux de
la fixité de l'impôt à 318 millions ne
paroîtroit pas trop élevé. — Le produit
net territorial avoit été évalué avant la
révolution à 1400 millions : tous ceux
qui se sont occupés à rassembler sur cet
objet les notions les plus éclairées, après
avoir considéré la multitude de causes
d'améliorations survenues dans la culture
générale depuis cette époque, ne balan-
cent pas à le porter aujourd'hui au-delà
de 1800 millions.

L'impôt de 318 millions ne formeroit que
le sixième environ de ce produit total. —
Mais, si le moyen de dégrévement pro-

portionnel des 20 millions diminués sur la masse de l'impôt étoit insuffisant pour opérer l'égalisation approximative, il s'en présenteroit un autre dont le succès paroît infaillible.

Il existe une loi du 3 frimaire an 7, sur la répartition, l'assiette et le recouvrement de la contribution foncière qui semble avoir atteint le dernier degré de la perfection, par l'évidente sagesse de ses dispositions; cette loi a servi de base à l'établissement des matrices des rôles; mais c'étoit à une époque à laquelle les divisions et les haines mettoient obstacle à son exacte application. — Elle deviendroit aujourd'hui bien plus facile et plus efficace, depuis que l'importance du principe de la proportionnalité de l'impôt est généralement sentie et reconnue, et n'éprouve aucune opposition réelle; ce seroit le moment d'appliquer les dispositions de cette loi au renouvellement de la matrice des rôles, et il pourroit être décrété que cette opération préalable si essentielle se feroit dans l'intervalle de deux sessions des Chambres. — Elle pourroit s'effectuer dans chaque canton de chaque département sous les yeux du préfet et sous-préfets respectifs.

Ses résultats dans chaque canton devroient être rendus publics, après avoir été revisés par les conseils généraux de département, d'arrondissement ou communaux. — Il suffit de lire attentivement les sages dispositions de cette loi pour se persuader qu'il est indubitable qu'on parviendroit, d'une manière au moins très approximative, à se procurer dans chaque canton la masse de la matière imposable, et il ne semble pas moins probable, d'après les résultats des évaluations du produit territorial que nous venons d'énoncer, qu'elle en porteroit l'ensemble dans tout le Royaume à un taux dont l'impôt réduit à 318 millions seroit environ le sixième. — L'opération proposée pourroit se faire simultanément dans chaque canton de chaque département, et dans l'intervalle des deux sessions avoir acquis tout le perfectionnement dont elle paroît susceptible : quand bien même elle ne devroit pas avoir le succès qu'il paroîtroit vraisemblable d'en attendre; il sembleroit bien essentiel d'en faire au moins la tentative.—Si ce succès étoit obtenu , il feroit disparoître toute l'importance que plusieurs bons esprits attachent au systême du cadastre, et tous les regrets d'abandonner une opération commencée qui a déja coûté plus de 60 millions, mais dont la confection en coûteroit encor au moins autant, et ajouteroit à une charge aussi pesante, le délai, jusques à une époque encor très éloignée de l'égalisation de la répartition générale entre les départements, et celui de la fixité définitive de l'impôt. — Le succès de l'opération résultante de la loi du 3 frimaire an 7 étant bien constaté, il nous donneroit pour première dépense permanente la somme de 318 millions assurée par la fixité de l'impôt direct.

Le développement de la confiance publique , l'affermissement du gouvernement, et la multiplication des transactions paroissent avoir déja déterminé un accroissement considérable dans le produit des droits d'enregistrement; on assure qu'il pourra s'élever, à la fin de l'année, de 25 à 30 millions, ce qui le porteroit, de 140 à 170 (1). — Les accroissements ultérieurs des années subséquentes paroîtroient pouvoir être destinés à compenser les sacrifices qu'exigeroit la correction de plusieurs dispositions de la loi, dont les unes semblent exagérées par la quotité du droit, et les autres essentiellement vicieuses par leur application. — La loi ainsi perfectionnée, le produit de 170 millions pourroit devenir le second article des recettes permanentes. — Le troisième pourroit se former du produit des postes et des loteries, qui s'élève à 17 millions, et le quatrième de celui de la coupe des bois, évalué à 16,400,000. fr.

Ces sommes réunies de. . . . 318,000,000 fr. de l'impôt direct.

de	170,000,000	du droit d'enregistrement.
de	17,000,000	des postes et loteries.
de	16,400,000	des bois.

Formeroient une masse de recettes permanentes de 521,400,000 fr.

---

(1) Voyez le tableau du Budget de 1817.

Nous placerons à la tête des dépenses permanentes les rentes inscrites au grand livre antérieurement à 1817, et qui, formant dans le tableau du Budget de cette année le premier article de la dette publique s'élèvent (1) à 83,776,645 fr. — Sur ces 83 millions, il y en a 38 d'immobilisés, qui ne peuvent par conséquent entrer jamais en circulation ; sur les 45 restants, il y en a au moins un tiers, qui, sans être immobilisées de droit, le sont de fait, parceque les individus qui les possèdent regardent ce placement comme invariable pour eux. — Il n'y a donc qu'environ 3o millions qui soient vraiment dans le cas de circuler, et il est indispensable de maintenir dans toute son intégrité un tel fonds, qui offre une ressource provisoire à tous ceux qui n'ont pas encore de projet arrêté de placer autrement leur numéraire.

Le second article des dépenses permanentes paroît devoir être l'emploi du pre-

____

(1) Voyez le tableau du Budget de 1817.

duit de la coupe annuelle des bois qui s'élève à 16,400,000 fr. — Sur ces 16 millions, 4 sont affectés aux dépenses ecclésiastiques ; les 12,400,000 restants paroissent devoir l'être à titre de dotation fondamentale à la caisse d'amortissement, à laquelle la loi du 25 mars réunit toutes les forêts ; ce qui semble entraîner la jouissance habituelle de leurs revenus.

Le troisième article des dépenses permanentes paroît devoir se composer de tous les objets formant, dans le tableau du Budget de 1817, un total de 399,693,836 fr. (1) — La liste civile du Roi et de la Famille Royale, de 34 millions, est invariable ; le taux des pensions civiles et militaires a été fixé à 23 millions ; le traitement des ministres de la religion, qui, en y comprenant les 4 millions de rentes décrétés sur le produit des bois, s'élève à 33 millions, est susceptible d'augmentation jusqu'à ce qu'il ait atteint la

______

(1) Voyez le tableau ci-joint du Budget de 1817.

2

somme nécessaire à la convenable et honorable existence du clergé ; le taux des dépenses des départements, des affaires étrangères, de la justice et de la police, qui s'élèvent ensemble à 24,900,000 fr., paroît pouvoir être regardé comme invariable. — Celui de l'intérieur du ministère des finances, qui s'élève, tant pour le service ordinaire que les frais de négociation habituelle, les intérêts des cautionnements, et les dégrèvements sur les différentes impositions, à 40,110,336 fr. ne semble offrir de variation que par les légères économies dont il pourroit être susceptible. — Celui du ministère de l'intérieur qui est porté à 62,233,500 fr. semble exiger une augmentation nécessaire, notamment sur les fonds attribués aux ponts et chaussées, dont l'évidente insuffisance détermine une dégradation inévitable dans les ouvrages déja faits, et une suspension nuisible à ceux à faire, dont il résulte la privation ou l'atténuation des avantages que la facilité et la multiplicité des com-

munications doivent procurer à l'agricul-
ture, au commerce et à l'industrie. — La
fixation des dépenses des ministères de la
guerre et de la marine, a donné lieu pendant la dernière session aux plus lumi-
neuses discussions, les Chambres ont émis
le vœu le plus patriotique sur l'économie
des abus, et la détermination des dépenses
nécessaires à la formation et au maintien
habituel de nos forces militaires et mari-
times. — Ce vœu, recueilli avec empresse-
ment par le ministère, est devenu l'objet
de ses plus sérieuses méditations pendant
l'intervalle des deux sessions, et le développement des premières mesures les plus
satisfaisantes nous fait déja présager avec
fondement la réalisation de nos espérances. — Nous ne devons pas sans doute
nous attendre que l'économie résultante
de la réforme des abus détermine une diminution sur la quotité des Budgets de ces
deux ministères, cette quotité pourroit
même paroître susceptible d'augmentation ; elle doit dépendre de l'intensité des

dépenses nécessaires, et nous avons tout lieu de croire que les propositions qui seront faites à cet égard auront pour objet de nous placer dans cette attitude sagement pacifique, mais en même temps essentiellement respectable, qui convient à la dignité de la couronne et de la nation.

Nous pouvons donc espérer que la combinaison des propositions du ministère et de la discussion des deux Chambres amènera une fixation convenable des dépenses de ces deux départements. Si celle du département de l'intérieur est opérée en même temps, ainsi que le *maximum* des fonds à attribuer à l'existence convenable et honorable du clergé. — La masse entière des dépenses habituelles se trouvera déterminée, et formera le troisième article de nos dépenses permanentes. — Nous supposerons provisoirement que la somme de 399 millions destinée dans le tableau du Budget de 1817 à tous les objets qui la composent, s'élèvera à. . 421,000,000 fr.

Cette somme réunie à celle du premier article des dépenses qué nous avons appelées permanentes, et qui s'élève à 83,776,645

Ainsi qu'à celle du second article, qui s'élève à   16,400,000

Formera un total de. . 521,176,645 fr.

Qui se trouvera balancé par le total des recettes que nous avons appelées permanentes, et qui s'élève à. . . . . 521,400,000 fr.

Mais s'il résultoit de la discussion relative à la fixation des dépenses habituelles de la guerre, de la marine, du département de l'intérieur, et de la dotation définitive du clergé, la nécessité de porter à 20 millions de plus le total des dépenses permanentes, ce qui l'élèveroit à 441.—— Il paroîtroit possible d'affecter à la somme des recettes permanentes une portion des droits sur les sels et les salines de l'Est, que nous allons classer parmi les recettes accidentelles, parcequ'elles sont susceptibles d'une diminution successive. Le produit des salines de l'Est montant à 2,400,000 fr., et la moitié des droits sur les sels s'élevant à 17,500,000 fr. formeroient cette somme de 20 millions; les 17,500,000 fr. restants du produit des sels pourroient continuer à être classés parmi les recettes accidentelles.

Il résulte des développements que nous venons d'exposer que tous les éléments se trouvent réunis d'un Budget permanent, fondé sur la fixité de recettes invariables et de dépenses habituelles.

Les recettes et les dépenses accidentelles paroissent pouvoir former un second Budget, que nous appellerons Budget accidentel.

Des recettes accidentelles et de leur application aux dépenses accidentelles.

Les recettes accidentelles se composent (1) 1° de 35,000,000 fr. sur le produit des sels, et de 2,400,000 fr. sur les salines de l'Est.

Nous les plaçons parmi les recettes accidentelles, parcequ'ils sont susceptibles d'une diminution successive, dont l'effet seroit très important au soulagement des contribuables et à l'amélioration de la culture; 2° de 120 millions auxquels sont évalués les produits des droits sur les boissons, les huiles et les tabacs; 3° de 40 millions pour le produit des droits de douanes; 4° de 18,475,000 fr. pour celui des droits de patentes; 5° de 19,200,000 fr. pour l'abandon fait par le Roi (2) de 5 millions sur la liste civile, et de 14,200,000 fr sur la retenue des traitements et pensions.

---

(1) Voyez le tableau ci-joint du Budget de 1817.

(2) Il paroîtroit bien convenable que le Roi ayant consacré avec tant de générosité et de bienfaisance les fonds de la liste civile, à adoucir sur toute la surface du royaume les calamités de la dernière récolte, fût supplié de ne pas faire cette année l'abandon de ces 5 millions.

Ces différentes sommes réunies. . . . . 37,400,000 fr.

120,000,000

40,000,000

18,475,000

19,200,000

Forment un total de . 235,075,000 fr.

Nous placerons à la tête des dépenses accidentelles la dotation de 40 millions attribuée par la loi du 25 mars à la caisse d'amortissement, parcequ'elle est susceptible de diminution, à mesure que les opérations absorbantes auront donné de plus grands résultats (1).

Le second article des dépenses accidentelles se composera de celles comprises sous la dénomination de temporaires dans le tableau du Budget de 1817, et qui s'y élèvent à 81,650,563 fr. — Conformément à ce tableau, 1,991,746 fr. de ces dépenses, doit cesser à la fin de cette année, ainsi que 1,196,500 fr. portés temporairement

____

(1) Voyez le tableau ci-joint du Budget de 1817.

en excédant des dépenses de plusieurs départements.

Nous proposerons d'en retrancher 2 millions pour l'extinction d'une année de pensions temporaires et des rentes viagères qui s'élèvent à environ 70 millions. — Nous proposerons également une diminution de 5 millions sur les frais temporaires de négociation, qui, cette année même, aura pu déja avoir lieu, nous proposerons enfin de réduire de 1,500,000 fr. les frais du cadastre, montant à 3 millions.

Ces cinq articles, le 1er de	1,991,746 fr.
Le 2e de	1,196,500
Le 3e de	2,000,000
Le 4e de	5,000,000
Le 5e de	1,500,000

Formeront une somme de	11,688,246 fr.
Qui retranchée de celle de	81,650,563

La réduiront à.	69,962,317 fr.

(1) Le troisième article de dépenses acci-

____

(1) Voyez le tableau du Budget de 1817.

dentelles se composeroit, 1° des sommes de 14,623,355 fr. portés dans le tableau du Budget de 1817, à l'état de la dette publique pour les intérêts de l'arriéré liquidé et à liquider; 2° de 15 millions à inscrire en 1817, par suite de l'emprunt de cette année; 3° de 3,600,000 fr. de fonds de réserve; 4° d'environ 8 millions pour le complément de l'emprunt de 1817; 5° de celle de 12 millions pour celui présumé de 1818.

Ces cinq articles, le 1er de   14,623,255 fr.

      Le 2e de   15,000,000

      Le 3e de   3,600,000

      Le 4e de   8,000,000

      Le 5e de   12,000,000

Formeroient un total de. . 53,223,255 fr.

(1) Le quatrième article des dépenses accidentelles se formeroit de celles portées au Budget de 1817, sous la dénomination de dépenses extraordinaires.

____

(1) Voyez le tableau du Budget de 1817.

Maïs nous en retrancherons

1° Qui auront soldé cette an-
née les exercices antérieurs. . 87,050,859 fr.

2° Pour la seconde moitié des
20 millions avancés par les départements. 10,000,000

3° Pour la diminution de
deux cinquièmes des frais d'entretien de l'armée étrangère, en
supposant que la même réduction d'un cinquième aura lieu
pour 1818. 60,000,000

4° Pour l'ajournement con-
tinué d'un quart des 20 mil-
lions déja ajournés en 1816. .. 5,000,000

5° Pour à-compte de la dette
flottante, parceque nous sup-
posons que le restant de cette
dette pourra continuer à être
successivement remboursé par
l'émission de bons temporaires,
qui se remplaceront les uns les
autres, et offriront même un
avantage important à la circulation. . . 23,000,000

185,050,859 fr.

(28)

Ces cinq articles, le 1er de   87,050,859 fr.
                    Le 2e de   10,000,000
                    Le 3e de   60,000,000
                    Le 4e de   5,000,000
                    Le 5e de   23,000,000
                                        ____
Formeront un total de. . . 185,050,000 fr.

(1) Qui, retranché de la somme de dépenses extraordinaires, portée dans le tableau du Budget de 1817, la réduiront à

1° Pour trois cinquièmes des frais d'entretien de l'armée d'occupation à. . . . . 90,000,000 fr.

2° Pour la contribution annuelle de guerre à. 140,000,000

3° Pour remboursement et intérêts des obligations royales à   4,865,000

4° Pour intérêts des capitaux de créances étrangères à. . . .   6,000,000

5° Pour travaux dans les places occupées à.   5,000,000
                                        ____
TOTAL. . . . 245,865,000 fr.

____

(1) Voyez le tableau ci-joint du Budget de 1817.

En réunissant à ce total du quatrième article des dépenses accidentelles celui du troisième, qui s'élève à. . . . . . 53,223,255 fr.

Celui du second qui s'élève à 69,962,317

Et celui du 1er qui s'élève à 40,000,000

Le total des dépenses accidentelles sera de. 409,050,572

Les recettes accidentelles s'élevant à. . . . . : 235,075,000

La différence qui sera de. . 173,975,572 fr.

Formera la somme de l'emprunt nécessaire.

Il faudra nécessairement ajouter à cette somme déja considérable de l'emprunt, celle des rentes émises ou à émettre pour les liquidations faites d'une partie des réclamations des sujets des puissances étrangères, qui excèdent celles déja attribuées et comprises dans le premier article de l'état de la dette publique porté au Budget de 1817. — Mais si à la quotité de cet emprunt et des précédents, nous ajoutons la perspective des emprunts ultérieurs nécessaires à l'acquittement des charges positivement exprimées dans les traités et .conventions, et celle du terme indéfini des réclamations des sujets des puissances étrangères, nous nous convaincrons de toute l'importance d'une négociation, dont le résultat puisse opérer la fixation d'un considérable allégement, et d'une quotité déterminée de nos charges, dont le poids accablant deviendroit totalement insupportable.

Nous nous pénétrerons en même temps du danger dont nous menaceroit la masse des intérêts de nos dettes, même après le résultat espéré d'une favorable négociation, et nous reconnoîtrons l'évidente nécessité de fortifier incessamment l'action absorbante de la caisse d'amortissement, et de la rendre aussi rapide que nos circonstances semblent l'exiger.

Celle qui est établie par la loi du 25 mars paroît devoir se composer 1° de la dotation annuelle de. . . . . 40,000,000 fr.

    2° Des produits annuels des coupes de bois, défalcation faite des 4 millions destinés aux dépenses ecclésiastiques. 12,400,000

    3° De la vente de 30 mille hectares par an, pendant cinq années, des 150 qui ont cette destination, à 750 fr. l'hectare. 22,500,000

TOTAL. . . . . . 74,900,000 fr.

    Mais en supposant cette caisse ainsi constituée, quels que soient les progrès de ses opérations, elle devra les prolonger encore pendant beaucoup d'années avant de parvenir à opérer notre libération, et un considérable et bien important allégement des contribuables qui en doit être la suite.

TABLEAU DU BUDGET DE 1817.

RECETTES PERMANENTES.

	fr.	
Produits de l'enregistrement des domaines et du timbre	140.000.000	
Idem des postes	9.000.000	157.000,000
Idem des loteries	8.000.000	
Foncière	171.930.017	
Personnelle et mobiliaire	27.244.620	
Portes et fenêtres	12.874.230	
Patentes	17.596.136	
5o c. sur la foncière	85.965.008	331.399.550
5o c. sur la personnelle et mobiliaire	13.622.310	
10 c. sur les portes et fenêtres	1.287.423	
5 cent. sur les patentes	879.806	
Droits de douanes	40.000.000	
Sels	35.000.000	
Droits sur les boissons et huiles	86.000.000	
Tabacs	34.000.000	214.800.000
Salines de l'Est	2.400.000	
Recettes accidentelles	1.000.000	
Coupes de bois	16.400.000	
Total des recettes permanentes		**703.199.550**

RECETTES TEMPORAIRES.

5o cent. sur l'imposition personnelle et mobiliaire	13.622.310	25.207.117
9o cent. sur portes et fenêtres	11.586.807	
Reste à recouvrer sur les bois	3.000.000	
Idem sur les biens des communes	6.000.000	
Recettes sur les décomptes	1.000.000	
Abandon fait par le Roi	5.000.000	29.200.000
Retenue sur les traitements	13.000.000	
Idem sur les pensions	1.200.000	
Total des recettes permanentes et temporaires		**757.606.667**
Dépenses permanentes et temporaires		638.344.399
Excédant		**119.262.268**

DÉPENSES PERMANENTES.

DETTE PUBLIQUE.

	fr.	
Rentes inscrites antérieurement à la loi de 1817	83.776.645	
Rentes à inscrire en 1817, par suite de l'emprunt	15.000.000	
Dotation de la caisse d'amortissement	40.000.000	157.000.000
Fonds de réserve	3.600.000	
Intérêts de l'arriéré liquidé et à liquider en 1817	14.623.355	

AUTRES DÉPENSES PERMANENTES.

Pensions civiles *maximum* permanent	3.000.000	
Pensions militaires	20.000.000	
Liste civile	25.000.000	
Famille royale	9.000.000	
Dépenses des ministres de la religion	21.500.000	
Pensions comprises dans le traitement actuel desdits ministres	7.600.000	
Chambre des Pairs	2.000.000	
Chambre des Députés	680.800	
Ministère de la justice	17.470.000	
Ministère des affaires étrangères	6.500.000	
Ministère de l'intérieur. Dépenses générales	34.433.500	399.693.836
Dépenses départementales	27.800.000	
Ministère des finances, service ordinaire	13.200.000	
Intérêts de cautionnements	9.000.000	
Frais de négociation	10.000.000	
Deux cent. sur les contributions foncière, mobiliaire, pour non valeur	3.983.493	
Dix cent. sur portes et fenêtres	1.287.423	
Quinze cent. sur patentes	2.639.420	
Ministère de la guerre	139.600.000	
Ministère de la marine	44.000.000	
Ministère de la police générale	1.000.000	
Total des dépenses permanentes		**556.693.836**

DÉPENSES TEMPORAIRES.

Excédant sur les fonds du ministère de l'intérieur	366.500	
Idem de la guerre	200.000	
Idem du ministère de la justice	130.000	
Idem du ministère des finances	500.000	
Plus au ministère des finances, cent. additionnels pour 1817 seulement	1.991.746	
Supplément au ministère des finances pour frais de négociation	5.000.000	81.650.563
Frais du cadastre	3.000.000	
Dette viagère	13.400.000	
Pensions militaires	31.762.317	
Fonds de demi-solde	17.900.000	
Pensions ecclésiastiques	7.400.000	
Total des dépenses permanentes et temporaires		**638.344.399**

RECETTES EXTRAORDINAIRES.

Excédant des recettes permanentes et temporaires sur les dépenses permanentes et temporaires excédant 119.262.268 f.

Emprunt à faire 311.553.591 f.

Total.. 430.815.859 f.

DÉPENSES EXTRAORDINAIRES.

	f.
Soldes des exercices antérieurs	87.050.859
Dette flottante	23.000.000
Obligations royales	4.865.000
Remboursement de la seconde moitié des 20 mill. avancés en 1815, par les départements	10.000.000
Contribut. de guerre	140.000.000
Frais d'entretien des troupes étrangères	160.000.000
Intérêts de capitaux de créances étrangères	6.000.000
Total	**430.815.859**